图书在版编目（CIP）数据

全科知识点大爆炸.化学知识点大爆炸 / 李骁主编；聪聪老师著；任梦绘.——北京：电子工业出版社，2021.8

ISBN 978-7-121-41142-7

Ⅰ.①全… Ⅱ.①李… ②聪… ③任… Ⅲ.①科学知识－少儿读物②化学－少儿读物 Ⅳ.①Z228.1②O6-49

中国版本图书馆CIP数据核字(2021)第087279号

责任编辑： 季　萌

印　　刷： 中煤（北京）印务有限公司

装　　订： 中煤（北京）印务有限公司

出版发行： 电子工业出版社
　　　　　　北京市海淀区万寿路173信箱 邮编：100036

开　　本： 889×1194　1/20　印张：20　字数：384千字

版　　次： 2021年8月第1版

印　　次： 2024年5月第3次印刷

定　　价： 188.00元（全8册）

凡所购买电子工业出版社图书有缺损问题，请向购买书店调换。若书店售缺，请与本社发行部联系，联系及邮购电话：（010）88254888，88258888。

质量投诉请发邮件至zlts@phei.com.cn，盗版侵权举报请发邮件至dbqq@phei.com.cn。

本书咨询联系方式：（010）88254161转1860，jimeng@phei.com.cn。

化学 知识点 大爆炸

全科
知识点
大爆炸
·化学·

李骁 / 主编

聪聪老师 / 著

任梦 / 绘

电子工业出版社·

Publishing House of Electronics Industry

北京·BEIJING

目 录

第五章

人体化工厂

36

　　中国教育现状目前遇到的一大问题就是内卷——孩子们通过上补习班，提前学习高年级的知识，从而成为别人口中的学霸。这种情况早已不是秘密。如果你不提前起跑，很有可能在后面就会被落下。而另一个现状就是，大家都去补习了，可上大学的名额并没有变，大家的起跑线是一样的，却也因此都失去了宝贵的童年。

　　从儿童大脑发育的角度来讲，6~12岁的孩子处在一个认识世界，形成兴趣，放飞思想的阶段，而过量的补习班却在禁锢住孩子们的想象，这种"揠苗助长"的行为，换来的优秀的成绩却是靠拉低孩子们对世界和未来的创造力而换来的。

　　创造力和成绩的矛盾看似不可调和，实际上有两全其美的解决方，那就是兴趣至上。如果能够提前引导孩子们喜欢上学习知识，顺其自然地培养出孩子热爱学习的习惯，这样既不会禁锢住他们未来飞翔的高度，也能让孩子获取优秀的成绩，两全其美。

　　为此，我们请到了各科资深老师、专家、儿童心理发展教育专家和经验丰富的童书编辑，针对6~12岁孩子倾力合著了这套《全科知识点大爆炸》。我们发掘出数学、物理、化学、生物、地理、历史科目中最重要、最具代表性的知识点，力求做到生动有趣，让孩子们提前接触并认识到各科的美妙之处，在他们心里埋下兴趣的种子，等待日后发芽，茁壮成长。后来我们又加入了经济和宇宙的主题，使孩子们平衡发展，在学习客观知识的同时也增加对人类社会性的理解，并且帮助孩子开阔眼界，让他们的思维可以无限延伸。希望在这套书的帮助下，每个孩子都能培养学习兴趣，做掌握全科知识的小达人。

李骁

香港城市大学研究员
中国科学院神经生物学博士

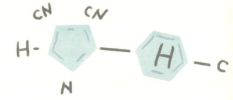

从元素开始 认识世界，

第一章

研究元素的学科——化学

我们脚下的地球、头上的太阳，乃至夜空中的银河，是由什么组成的呢？

我们居住的房屋、乘坐的交通工具、使用的各种机器，是由什么组成的呢？

花园里的植物、大自然中的动物，以及我们的身体，又是由什么组成的呢？

这些问题都需要一门叫作化学的科学来回答，化学就是研究物质组成、性质、结构与变化规律的科学。

化学是在人类认识物质的过程中逐渐发展起来的。从原始人学会利用火开始，人们逐渐学会了制陶、炼铜、酿酒、染色……人类在追求两个"迷人"的幻想的过程中，推动了对物质世界的探索。这两个追求，一是追求点石成金的方法，于是产生了早期的炼金术；二是希望得到长生不老药，于是就有了炼丹术。

就在追求这些无法实现的事物的过程中，人类积累了对物质的认识，诞生了最早的化学。

火：人类历史上第一个化学发现

人类很早就发现了火的存在。被闪电击中后燃烧的树木，那熊熊燃烧的大火让原始人感到恐惧。而火又可以用来照明、取暖、烧烤食物、驱赶野兽，这让原始人对火又爱又怕。人类最早用的火是来自自然界的野火，由于获取野火要受到自然界种种条件限制，后来，经过数十万年的探索，人类发明了摩擦生火的方法：用一根较硬的木棒作为钻棒，一根软木作为钻木，双手搓动钻棒，钻棒在钻木上飞快钻磨，直到摩擦出火花。

学会了生火，人类开始用火加工各种东西，不仅可以吃上易消化的美味熟食，还相继发明了很多实用的化学工艺品。

9

陶器：最古老的手工艺品

　　大约 1 万多年前，人类进入新石器时代。除了靠打猎获取食物外，人类还学会了放养牲畜和种植庄稼。他们逐渐发现黏土经过火烧后变得坚硬耐水，于是开始有意识地对黏土进行加工，通过粉碎、加水、调匀、揉捏成型、用火焙烤等步骤处理后，制成了最原始的陶器。人们用陶器蒸煮食物，用陶器盛装和保存食物，生活水平得到了提高。

　　后来，随着时代的发展，人们又制出了釉陶。在黏土稠浆中加入石灰或者草木灰，烧制出来的陶器表面光滑明亮，带有所谓的釉层。

火药：骑士时代的终结者

　　在 1000 多年前的隋唐时期，古代中国人最先发明了火药。最早的火药是黑色的，又叫黑火药，主要由硝酸钾、硫磺、木炭混合而成。

　　火药是古代炼丹师在炼仙丹的过程中偶然发明的。当时，组成火药的硝石、硫磺等物都被当作药物使用，再加上它们遇火燃烧，因此被叫作火药。

　　在燃烧过程中，火药释放出的气体体积不断增大，因此，要是火药被封在密闭容器中燃烧，就会发出"砰"的爆炸声。

　　唐末宋初，火药被用于战争中。后来，火药经印度、阿拉伯传入欧洲，欧洲人用火药发明了威力巨大的现代枪械和火炮。这些武器在战争中发挥了重要作用。

现代化学发展史

直至近代，化学研究才发展成为一门从原子到分子的层面去探究物质的组成、性质、结构及变化规律的自然科学。真正意义上的现代化学是什么时候产生的呢？准确地说，它不是哪一天或哪一年产生的，而是逐渐形成的。

1661 年

英国科学家波义耳提出了元素的定义，不过他把水、火、空气都看成了元素。

波义耳

1748 年

俄国科学家罗蒙诺索夫发现了自然界的总规律——物质不灭定律。

罗蒙诺索夫

拉瓦锡

1777 年

法国科学家拉瓦锡提出了正确的燃烧理论，"燃素说"终于被推翻。随后，科学家证实了水是氢和氧的化合物，推翻了水是元素的说法。

1772 年

1766 年

1766 年和 1772 年，科学家分别发现了氢气和氧气。由于当时流行"燃素说"，人们认为物质之所以能燃烧都是因为含有燃素，因此，人们把氢气看成酸中的燃素进入到空气后形成的"易燃空气"，而把氮气看成"被燃素饱和了的空气"。就这样，人们对物质及燃烧的认识一直被"燃素说"影响了多年。

道尔顿

英国科学家道尔顿发表了原子学说，他把元素的微粒叫作原子，不过他只举出了 20 种元素，而且把石灰、火碱也都当成了元素。尽管如此，这也常被认为是近代化学的开始。

1803 年

1811 年

意大利科学家提出了分子假说。

1852 年

英国科学家首次提出了原子价的概念。

1898 年

居里夫人发现了镭和钋。

1895 年

伦琴发现了 X 射线。

1904 年

汤姆孙提出"葡萄干布丁"原子结构模型。

汤姆孙

居里夫人

1887 年

阿伦尼乌斯提出电离理论，承认盐在水里电离成离子。

1869 年

门捷列夫提出了元素周期律和第一个元素周期表。

卢瑟福

1940 年

人工制得了 93 号元素——镎。

门捷列夫

1911 年

卢瑟福提出带核的原子结构模型。

1913 年

波尔提出了原子结构示意图。

第二章

原子和元素的世界

微观世界里的物质

化学是研究微观世界的科学，那微观世界里有什么呢？如果我们用能够放大很多倍的显微镜来观察金属的微观世界，会看到整个金属物质由一个个圆圆的粒子组成，它们整齐排列在一起，这些很小的粒子就是金属原子。相对而言，原子比较稳定，它以一个基本单位的身份来参与各种化学反应。用化学的方法不能将原子切开，但是通过物理的方法，可以发现原子是由带正电的原子核以及带负电的核外电子组成的。

如果我们用高倍显微镜来观察水，我们看到水的最小组成物质不是原子，而是一个个的水分子，水分子由 2 个氢原子和 1 个氧原子构成，这 3 个原子紧紧结合在一起。如果加入一些化学物质，这些水分子中的原子可能会彼此分开，继而产生其他新的物质。

物质是通过原子或者分子间相互作用而产生的，它在宏观上构成了五彩斑斓的世界。

中子

电子

原子核

质子

原子的结构

原子是构成物质的基本单元和化学变化中最小的微粒。著名的科学家道尔顿提出原子学说后，大家都以为原子是一个很小的实心球，就像我们平时玩的弹珠一样。直到汤姆孙通过实验发现了电子的存在，这才慢慢揭开原子内部构造的神秘面纱。第一个较为客观解释原子的科学家是英国物理学家卢瑟福，他认为原子中间有一个质量和电荷都很集中的聚集体，这个聚集体叫作原子核，而电子在原子核的周围运动，就如同地球绕着太阳公转一样。

在卢瑟福的理论基础上，人类慢慢深入了解原子。原子是由原子核和核外电子构成的，原子核则是由质子和中子构成的，而质子和中子是由 3 个夸克构成的。电子的质量非常非常小，质子和中子的质量约是电子质量的 1800 倍。

世界上一切分子都是由不同的原子组成的。元素是具有相同核内质子数的一类原子的总称。元素是物质的"身份证"，每种物质都有自己独一无二的元素标识。至今为止，一共发现了118种化学元素。其中，有一些化学元素是后来人们通过一些极端的物理化学方法人工合成的，这些元素都不太稳定，并且具有放射性。

根据元素的化学性质，可以将元素分为金属元素、非金属元素和稀有气体等类别，其中金属元素所占比例最大。

在元素的大家庭中，元素之间也有亲戚关系。如果元素原子的质子数相同，我们就把这些元素叫作相同元素。当元素原子中的质子数相同，而中子数不同时，我们称之为同位素。

了解元素

当原子带上电

因为原子核带正电，核外电子带负电，二者电量相同，电性相反，因此原子是不带电的。

微观世界里的微粒十分活泼，原子很顽皮，会时不时从别的原子那里抢来一些电子，或者落下一些自己的电子在别的地方。我们把这些失去或得到一个或几个电子的原子，称为离子。

对于那些丢失电子的原子，它本身就会带正电，我们称它们为阳离子。如金属铁离子，用 Fe^{3+} 表示。

那些身强力壮，容易抢来电子并占为己有的原子，本身会带负电，我们称它们为阴离子。

同一个原子，可以有多重离子状态。

当一些原子团带上电，我们也称之为离子。

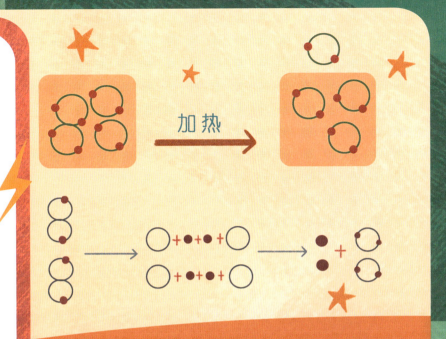

当原子遇上原子

当原子和原子通过一定的作用力，以一定的次序和排列方式结合，便会形成化学里另外一种基本的粒子——分子。这种比较强的作用力我们称它为化学键。化学键的作用力比较强，所以分子是非常稳定的。

分子是物质中能独立存在并保持其组成和一切化学特性的最小微粒。

虽然分子中的原子间有较强的作用力，但是通过化学的方法还是可以将分子中的原子分开的。

分子和分子之间也有一定的作用力，不过这种作用力很弱，我们称为范德华力。

分子可以由相同的原子组成，也可以由不同的原子组成。

各种单质分子就是由相同的原子组成的，如 N_2、O_2 等；一些化合物，如 H_2O 则由不同的原子组成。

布朗运动

　　有位叫作布朗的植物学家在观察悬浮在水中的花粉微粒时，发现这些微粒都在做无规则的运动，后来，人们把微粒在液体或者气体中所做的永不停息的无规则运动叫作布朗运动。

　　所有微粒的运动方向都是随机的、均等的，并且周围液体或者气体分子对于微粒的作用力在各个方面都是相同的，因此整体表现出来的运动是无规则的。

　　布朗运动是永不停歇的，这些微粒如同永远转动的陀螺，不知疲惫地运动着。

　　布朗运动时时刻刻都在发生，我们用肉眼无法看到，只有通过显微镜才能观察到。颗粒越小，外界的液体分子或者气体分子对它的作用就越显著，布朗运动也就越明显。温度越高，微粒受周围撞击作用越大，布朗运动也剧烈。

　　通过深入研究布朗运动，可以深入地研究原子和分子的微观动向，理解化学变化的微观机制。

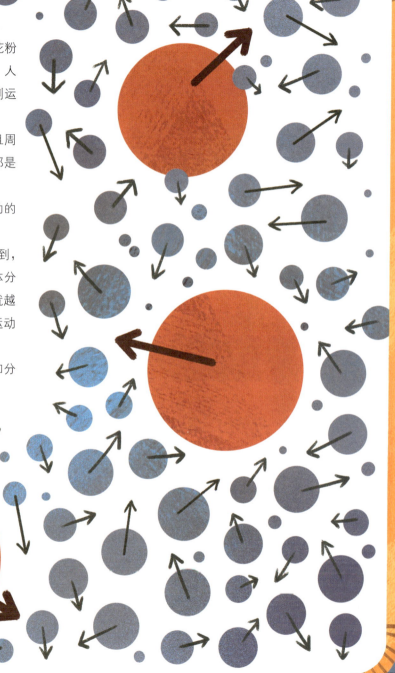

无法实现的"点石成金"

　　在古代，皇帝幻想帝位可以永存，于是各路炼丹师大炼仙丹。他们以丹砂（硫化汞）和雄黄（四硫化四砷）为原料，开炉熔炼，企图制成令人长生不老的仙丹。然而，他们终其一生都没有成功，这是为什么呢？因为他们违背了自然科学的规律，想用升华等简单的方法把贱金属，如铅、铜、铁等变成贵重的金银。其实，用一般的方法是无法改变元素的性质的，化学元素是具有相同核电荷数的同种原子的总称，而原子是化学变化中的最小微粒，在化学反应里分子可以分为原子，而原子却不能再分了。因此，炼丹师炼出的金银，虽然其色泽与金银相似，但并非真正的金银。

雨衣的由来

　　雨衣的发明得益于橡胶的发明，它的发明地在英国苏格兰。

　　有一次，一个在橡胶工厂工作的工人不小心将一大滴橡胶溅到了外衣上，他特别心疼，连忙用手去抹沾在衣服上的橡胶液。由于橡胶是一种非常黏稠的液体，经过几次擦拭，反而使衣服上沾了一大片橡胶。下班回家的路上，天空下起雨来，由于没有带伞，这个工人只好加快步伐，可雨越下越大。回到家后，这个工人意外地发现，衣服沾上橡胶液的部分是干的。难道橡胶液涂在衣服上可以防雨吗？后来经过实验，证明了橡胶确实可以用来防雨。经过加工，橡胶可以制成具有弹性、绝缘性、不透水和不透气的高分子材料。从那以后，橡胶制品广泛用于人们的生活之中。

化学中的"圣经"——元素周期表

1869 年，俄罗斯化学家德米特里·门捷列夫在总结前人经验的基础上，发现元素周期律并编制出世界上第一张元素周期表，揭示了化学元素之间的内在联系，使纷繁多样的化学元素构成了完整体系。2019 年，化学元素周期表迎来 150 周岁生日，联合国大会宣布 2019 年为"国际化学元素周期表年"。

1867 年，担任教授的门捷列夫为了系统地讲好无机化学课程，正着手编著一本化学教科书《化学原理》。在著书过程中，他遇到了一个难题，该如何用一种合乎逻辑的方式，把当时已知的 63 种元素组织在一起。

门捷列夫仔细研究了 63 种元素的物理性质和化学性质，他想到了一个很好的方法来对元素进行系统分类。门捷列夫准备了许多类似扑克牌一样的卡片，将 63 种化学元素的名称及其原子量、氧化物、物理性质、化学性质等。

经过多番尝试，仍未得到最佳分类的门捷列夫并未放弃。这一次，他把常见的元素族按照原子量递增的顺序拼在一起，之后是那些不常见的元素，最后只剩下稀土元素没有全部"入座"。

第 二 天，门捷列夫将得出的结果制成一张表，这就是人类历史上第一张化学元素周期表。

在 这 张 表中，周期是横行，族是纵行。他大胆地为尚未发现……

别写在卡片上。门捷列夫用不
的方法去摆放这些卡片，用以
行元素分类的试验。最初，他
图像德贝莱纳那样，将元素按
个一组的规律进行分类，可这
得到的结果并不理想。他又将
金属元素和金属元素分别摆在
起，使其分成两行，仍然没能
功。

捷列夫无奈地将它们摆放
边上。他从头至尾看了一
排好的"牌阵"，惊喜地
现，所有的已知元素都已
照原子量递增的顺序排列
来了，并且相似元素以一
的间隔出现。

的元素留出了位置，并且在其关于周期表
的论文中指出：按照原子质量由小到大的
顺序排列各种元素，在原子量跳跃过大的
地方会有新元素被发现。

　　1871 年 12 月，门捷列夫在第一张元
素周期表的基础上进行增改，发表了第二
张元素周期表。在这张表中，他更突出了
元素性质的周期性。这次化学元素周期律
的发现工作圆满完成。

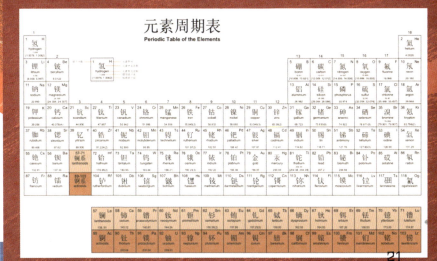

元素

H 氢		
Li 锂	Be 铍	
Na 钠	Mg 镁	
K 钾	Ca 钙	Sc 钪
Rb 铷	Sr 锶	Y 钇
Cs 铯	Ba 钡	镧系
Fr 钫	Ra 镭	锕系

Ti 钛	V 钒
Zr 锆	Nb 铌
Hf 铪	Ta 钽
Rf 𬬻	Db 𬭊

Cr 铬	Mn 锰	Fe 铁	钴
Mo 钼	Tc 锝	Ru 钌	
W 钨	Re 铼	Os 锇	
Sg 𬭳	Bh 𬭛	Hs 𬭶	

| La 镧 | Ce 铈 |
| Ac 锕 | Th 钍 |

| Pr 镨 | Nd 钕 | Pm 钷 | Sm 钐 |
| Pa 镤 | U 铀 | Np 镎 | Pu 钚 |

		B 硼	C 碳	N 氮
		Al 铝	Si 硅	P 磷
Ni 镍	Cu 铜	Zn 锌	Ga 镓	Ge 锗	As 砷
Pd 钯	Ag 银	Cd 镉	In 铟	Sn 锡	Sb 锑
Pt 铂	Au 金	Hg 汞	Tl 铊	Pb 铅	Bi 铋
Ds 鿏	Rg 铑	Cn 镉	Nh 鿭	Fl 鈇	Mc 镆

He 氦

O 氧　F 氟　Ne 氖
S 硫　Cl 氯　Ar 氩
Se 硒　Br 溴　Kr 氪
Te 碲　I 碘　Xe 氙
Po 钋　At 砹　Rn 氡
Lv 铊　Ts 鿬　Og 鿫

Gd 钆　Tb 铽　Dy 镝　Ho 钬　Er 铒
Cm 锔　Bk 锫　Cf 锎　Es 锿　Fm 镄

Tm 铥　Yb 镱　Lu 镥
Md 钔　No 锘　Lr 铹

23

奇特的空气

第三章

离不开的氧气

氧气是地球上所有生物生存的最基本保障。动植物生活中需要消耗氧气；石油、煤在燃烧时也要消耗大量的氧气；工业生产中，炼钢等工作也都需要氧气，那么地球上的氧气会用完吗？

在地球上，绿色植物通过光合作用，吸收大气中的二氧化碳，以及土壤中的水分和无机物养料，释放出氧气。每一年，全世界的绿色植物都要从空气中吸收几百亿吨的二氧化碳。

一棵树一天能生产约 5 千克的氧气，可满足 3 个人一天的氧气需求。因此，只要地球上每个人多种一棵树，就可以解决氧气含量下降的问题。

空气中的气体

虽然我们看不见也摸不着空气，空气却时时刻刻存在于我们的身边。没有了空气，我们将无法生存。由于空气是无形的，所以人类花了很长时间才意识到它的存在。地球周围环绕着厚厚的大气层。其中氮气约占大气总量的 78%，是大气的主要成分；氧气占 21%；二氧化碳、臭氧、氩气、水蒸气以及其他气体仅占大气的很小一部分，约为 1%。空气中的各种气体互不干涉、共同存在，彼此间不会发生化学反应。

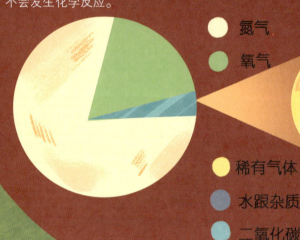

○ 氮气
○ 氧气
○ 稀有气体
○ 水跟杂质
○ 二氧化碳

科学家研究发现，植树造林是有效控制二氧化碳增多的方法。据推算，一棵阔叶树一天可以吸收 33 千克的二氧化碳气体，10000 平方米的阔叶林一天可以吸收 1000 千克的二氧化碳气体。

大气中的二氧化碳气体具有吸热和隔热的功能，它在大气中的含量过多，会导致太阳辐射到地球上的热量无法向外层空间发散，其结果是使地球表面温度上升。

二氧化碳——温室效应的制造者

二氧化碳是空气中的重要组成部分，常温下是一种无色无味的气体，密度比空气大，能溶于水而生成碳酸。现代工业社会过多使用了煤炭、石油以及天然气这3种燃料，它们燃烧后会释放大量的二氧化碳气体到大气中，增加大气中二氧化碳的含量，导致温室效应。

温室效应是大气保温效应的俗称。大气能使太阳短波辐射到达地面，但地球表面受热后，向外放出的长波辐射却被大气吸收，这样就使地表和低层大气温度增高。由于这一自然现象的作用类似于栽培农作物的温室，因此也叫温室效应。

温室效应的危害是巨大的。气温升高，全球气候发生改变，特别是两极地区冰川融化，海平面升高，许多沿海城市、岛屿或低洼地区将面临被海水吞噬的危险。

天然气

干冰

干冰是二氧化碳的固态存在形式，可以用于人工降雨。放在空气中的干冰能迅速吸收大量的热，使周围空气的温度快速降低，并使水蒸气液化成小水滴，从而达到降雨的目的。

大气中最轻的气体——氢气

氢气是世界上已知的密度最小的气体，只有空气密度的四分之一。通常情况下，氢气是没有颜色、没有气味的气体，因此，氢气球能瞬间飘到天上去。

氢气在常温环境里性质很稳定，不容易和其他物质发生化学反应。但是，当条件改变时，如点燃或者加热的情况下，氢气的性质就不那么稳定了。纯净的氢气在点燃时，能安静燃烧，发出淡蓝色的火焰，释放出热量，生成水。若在火焰上罩上一个烧杯，那么可以在烧杯壁上见到水珠。

水

水

空气的主力军——氮气

　　氮气是大气重要的组成部分，它无色，无臭，无味，常温下为气体，当冷却到一定温度时，会变成液体或固体状态。由于氮气化学性质很稳定，在常温下很难发生反应，因此汽车的轮胎里充的就是氮气，即便在环境温度很高的情况下，它自身温度变化也不大，可以有效防止爆胎。

　　氮气也可以充在电灯泡里，防止钨丝氧化，减缓钨丝的挥发速度，从而延长灯泡的使用寿命。

　　在博物馆里，一些珍贵的书画保存在玻璃器皿中，这些玻璃器皿中充的也是氮气。它可以使书画不被腐蚀，同时能防蛀虫。

　　医生做手术时，将氮气冷却制成液氮，给手术刀降温，成为"冷刀"。用"冷刀"做手术，可以减少伤口的出血情况，甚至让伤口不出血，病人术后康复更快。

氮气

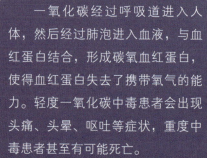

一氧化碳经过呼吸道进入人体，然后经过肺泡进入血液，与血红蛋白结合，形成碳氧血红蛋白，使得血红蛋白失去了携带氧气的能力。轻度一氧化碳中毒患者会出现头痛、头晕、呕吐等症状，重度中毒患者甚至有可能死亡。

无形的杀手—— 一氧化碳

通常状况下，一氧化碳是一种无色、无味、有毒的气体，它和空气密度差不多，人体吸入较高浓度的一氧化碳时会出现中毒症状。

如果燃烧不完全，就会产生一氧化碳气体。冬天依靠燃烧煤炭来取暖时，如果烟囱闭塞不通，使得一氧化碳在室内聚集较多，浓度升高，就容易让人中毒。

空气中的稀有气体

空气中除了氧气和氮气外，还有二氧化碳、氢气和一些稀有气体。稀有气体也称惰性气体，空气中的稀有气体包括氦、氖、氩、氪、氙。这些惰性气体在通电时能发出色彩绚丽的光，每种惰性气体发出的光的颜色各不相同。

煤炭在未充分燃烧时会产生一氧化碳，一氧化碳燃烧会发出蓝色火焰。

家庭小实验：空气在哪里？

将几张餐巾纸揉成纸团，塞进玻璃杯的杯底，然后将玻璃杯杯口朝下，放进盛着水的盆里，注意纸团不要掉下来。随后，拿起玻璃杯观察，你会发现纸团并没有湿。这是为什么呢？这是因为在水碰到纸团前，已经有一些东西占据着玻璃杯里的空间了，那就是空气。由于空气的存在，水无法进入玻璃杯，纸团自然不会湿。

空气　空气

第四章

砰！爆炸

在极短时间里，爆炸能释放出大量能量，产生高温，放出气体，破坏性极强。在古代，人们将硫磺、木炭以及含有硝酸钾的马粪混合在一起，晾干后磨成粉末。当这种粉末遇上明火，就会发生化学反应，伴随而来的是剧烈燃烧产生的能量和大量的气体。

当一种物质遇到另一种物质

在微观世界里，一种物质遇到另一种物质，它们之间非常守规矩。除了正常的分子扩散与运动外，它们都安分守己。但是，也有一些物质相遇后会碰撞出"新的火花"。如氢气和氧气在点燃时相遇，氢原子和氧原子就会结合起来，形成一种新的物质——水。在化学里，这种有新物质生成的变化过程叫作化学反应，这种变化叫作化学变化。一般而言，化学反应不单单是新物质的诞生，还伴随着发光、发热、释放出气体，以及产生沉淀或颜色的变化等。

粉尘也能引发爆炸

　　第二次世界大战期间，希特勒命令德国空军不断轰炸英国领土。英国一家面粉厂躲过了这次轰炸，令人震惊的是车间自己却发生了大爆炸，爆炸的威力非常大，屋顶都飞上了天。这是工厂中存在大量面粉导致的。在生产面粉的过程中，车间里会产生大量极细的粉尘。与块状物质相比，粉尘接触空气的面积大，吸附的氧分子更多，氧化放热过程更快。当这些粉尘悬浮于空气中，并达到一定浓度的时候，一旦遇到火苗或者适当的温度，瞬间就会燃烧起来，由于燃烧的热量得不到及时的散发，空间内压力骤增，就会形成猛烈的爆炸。

　　其实，不仅面粉会造成爆炸，大自然中凡是易燃烧的粉尘，如皮革粉、塑料粉、铁粉等，在空气中达到一定浓度时，只要遇到明火，都有可能引起巨大的爆炸。

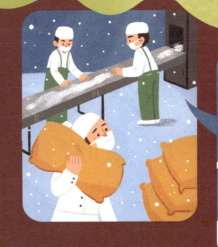

绚丽多彩的烟花——焰色反应

　　烟花绽放时，会发出绚丽多彩的光，十分漂亮。这是为什么呢？因为在烟花中添加了各式各样的金属粉末。当某些金属或者它们的化合物在无色的火焰中燃烧时，火焰会呈现出一些特别的颜色，这种现象就叫作焰色反应。钠元素燃烧时，会产生黄色的火焰；钾元素会呈现紫色的火焰；锂元素会呈现紫红色；钙元素的焰色反应为砖红色；钡元素的焰色反应为黄绿色；锶元素的焰色反应为红色。这些金属在燃烧时能够发出各种各样颜色的光，就在于它们被灼烧时，会吸收一定的能量，导致整体的能量富余，富余的能量就以光的形式释放出来，形成了各种颜色的火焰。

钠

钾

锂

锶

钡

加快化学反应速度的3种方法

　　参加化学反应的物质不同，反应速度也不同，有的比较快，有的比较慢。通过下面的方法可以加快化学反应的速度。

　　1. 把较大的物体切成小块，这样可以增大反应面积，从而使化学反应加速。

　　2. 加热需要混合的液体，这样液体中的分子就会获得更多的能量，变得更为活跃。这些分子越活跃，碰撞到其他不同分子的概率越高，而化学反应正是通过这种不同分子之间的碰撞产生的。

　　3. 使用催化剂，这是一种能提高化学反应速率，而本身结构不发生永久性改变的物质，通常只需要少量的催化剂就可以使化学反应加速。

遇水"爆炸"的金属

　　世界上竟然有一些金属是碰不得水的，如果遇上水，立刻就会引起一场不小的骚动。锂、钾和钠就是这样的金属。如果你把一块金属钾投入一杯水里，你会发现金属钾的周围立刻会连续不断地释放出气泡。之所以产生这种现象，是因为钾与水发生了反应，水分子是由一个氢离子和一个氢氧离子结合而成的，当把一块钾放进水中，钾离子代

替氢离子与氢氧离子结合，生成了氢氧化钾。氢离子最终成为氢气，从水里逃离出来。由于钾和水作用时产生的热量超过了氢气的燃点，于是，氢气就被点燃了。当燃烧的氢气与空气混合后，会产生爆炸，这就是钾和水作用时会出现火光和有爆炸声的原因。

第五章 人体化工厂

碳： 碳在人体中占比为18%。人在正常呼吸过程中，吸入氧气，呼出二氧化碳，这是人体中碳元素与空气中氧元素发生化学反应的结果。人体从头到脚，几乎都是由有机化合物组成的。

氧气

二氧化碳

有机化合物

钙： 钙同样是人体不可或缺的元素。人能站立，能够自由活动，都是靠体内的骨骼支撑的。而骨头的主要成分是磷酸钙，所以钙在人体内发挥着重要作用。如果人体骨骼中缺少钙与磷，骨质就会软化。另外，血液中也含有一定量的钙离子，如果没有钙离子，皮肤划破了，血液就很难凝结。

钙
钙
钙

磷： 人死后，体内产生磷化氢，可以自燃，所以会造成一种叫作"鬼火"的现象。如果骨骼中失去磷，人体就会缩成一团；肌肉失去磷，就会失去运动能力。大脑组织中也有很多磷的化合物，如磷脂。如果大脑失去磷，人的思想活动就会立即停止。

磷
磷
磷

微量营养素

人体需要大量的营养物质，但对一些营养物质的需求量远小于像碳水化合物、脂肪等主要营养素的需求量。大多数的微量营养素是维生素和矿物质。维生素是使机体顺利运行所必需的有机物质。大部分维生素要从食物中直接摄取，因为人体体内无法产生足够量的维生素。矿物质是简单的化学物质，包括钠、铁、钙、锰以及非金属类等。

水：占人体 99% 的元素中，氢和氧占绝大部分，水就是由氢和氧组成的。

蛋白质：蛋白质的主要成分是氮。由于人的头发、指甲以及体内各种酶、激素、血红蛋白都是蛋白质，所以说氮是生命的基础。

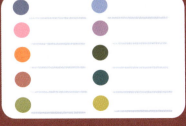

人体里的各种元素

一切物质都是由原子组成的，人体也不例外，它由 60 多种元素构成，这些元素以各种化合物的形式存在于人的身体中，不停地进行着各种化学反应。整个人体就是一个化工厂。人体内必需的 11 种元素是氧、碳、氢、氮、钙、磷、钾、硫、氯、钠、镁。它们占人体重量的 99%，其中，氧、碳、氢、氮、钙、磷是人体的宏量元素。我们体内大多数固体物质都是碳水化合物，而大多数动物和植物的体内都含有碳元素。碳元素和其他元素可以组成蛋白质、脂肪等化合物，这些化合物对于生物体来说都是不可或缺的。

湿润的身体

人体内大部分是水，身体中的水分布很广。一般来说，肌肉组织中含有较多的水分，脂肪组织中水分较少。婴儿体内的水分大概为 80%，成人为 60%，60 岁以上的老人体内水分只占体重的 50%。

在身体内流动的水可以溶解各种物质。为了维持生命，我们每天必须补充 2~2.5 升水。体内的水大部分以尿液的形式排出体外。我们排出的水量与摄入的水量基本保持平衡。

水能够运送营养物质与氧气，同时也是体内化学反应发生的场所，更有调节体温和体内渗透压的功能，所以，水是我们生命中不可缺少的重要物质。

麻醉药的应用

麻醉药是指能使机体整体或局部暂时失去知觉及痛觉的药物。它的主要成分是甲氧氟烷、环丙烷、异氟醚等。

人受伤后，会感觉到疼痛，这是因为体内的神经会将身体感觉传达给脑部。而麻醉药里的物质会阻断神经，让大脑接收不到信号，从而不会感觉到疼痛。当然，麻醉药的效果会随着时间渐渐消失，而患者也会慢慢恢复感觉。

最早的麻醉药"麻沸散"是由东汉末年杰出的医学家华佗创制的，用它可以进行局部麻醉，疗效很好。

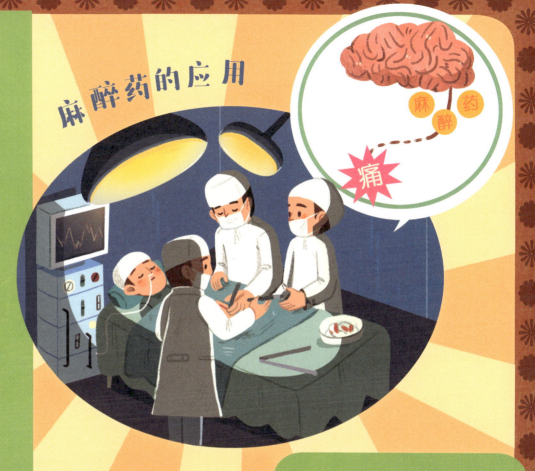

人体头发中的元素

别看我们的头发丝很细，在角质层里却含有30多种重要的微量元素。健康人的头发丝里，含有铁元素、锌元素、铝元素、铅元素，以及硼元素。除了微量元素外，头发丝中还有大量的角蛋白。

铁　锌　铝　铅　硼　角蛋白　氨基酸

泪水中的化学元素

　　人在伤心难过或者过于激动高兴时，会从眼睛里流出眼泪。泪水是一种透明的无色液体，其组成成分中绝大部分是水，其余含有少量无机盐、蛋白质、溶菌酶、免疫球蛋白 A 等物质。

溶菌酶

氯化钠
氯化钾

蛋白质

人的唾液里有哪些元素？

唾液内，水所占的比例达到 99% 以上。除了水之外，唾液中还含有丰富的无机物和有机物，以及非常少的气体分子。无机物一般以离子的形式存在，如钠离子、钾离子、钙离子、氯离子和碳酸氢根离子等。而有机物一般为黏蛋白、黏多糖、唾液淀粉酶、溶菌酶、免疫球蛋白、血型物质、尿素、尿酸和游离氨基酸等。唾液中的各种无机微量元素、有机蛋白质及酶类物质，都对人体有益。

拿破仑的死亡之谜

拿破仑是 19 世纪法国的军事家、政治家。滑铁卢战役失败后，他被囚禁在大西洋中的圣赫勒拿岛，并在那里走完传奇的一生。关于拿破仑的死因一直众说纷纭，有人说他是自然死亡；有人说他是因家族遗传的癌症而去世的；还有人说他感染上一种罕见的病毒……由于谁都没有可靠的证据，因此拿破仑的死因成了历史上的一个谜团。

在拿破仑去世 150 年后，1961 年，瑞典牙医在检测拿破仑的头发时，发现他头发中砷的含量是常人的 13 倍，而且每一根头发丝中，各段的砷含量也不同，越靠近头皮的地方，砷的含量越多。人头发中含有的微量元素和血液中的成分一样，能够准确反映人体内部的新陈代谢情况。砷及它的可溶性化合物都有剧毒。由此推断，拿破仑可能是被砷毒死的。

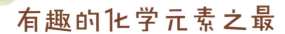

有趣的化学元素之最

1. 最轻的气体是氢气。

2. 最小的分子是氢分子。

3. 最简单的原子是氢原子。

4. 相对原子质量最小的元素是氢元素。

5. 最理想的气体燃料是氢气。

6. 最早发现氢气的人是法国人卡文迪许。

7. 宇宙中含量最多的元素是氢元素。

8. 相对分子质量最小的氧化物是水。

9. 最常用的溶剂是水。

10. 最简单的有机化合物是甲烷。

11. 含氮量最高的化肥是尿素。

12. 动植物体内含量最高的物质是水。

13. 地球表面分布最广的非气态物质是水。

14. 除锈效果最好的物质是盐酸。

15. 最不活泼的非金属是氦，到目前为止还没有制得它的任何化合物。

16. 自然界中最硬的物质是金刚石。

17. 最容易"结冰"的气体是二氧化碳。

18. 形成化合物最多的元素是碳，目前已知的含碳化合物有近千万种之多。

19. 世界上最重要的三大矿物燃料是煤、石油和天然气。

20. 空气中含量最多的气体是氮气，约占空气体积的78%。

21. 植物生长过程中，需要最多的元素是氮。

22. 最早通过实验得出空气是由氮气和氧气组成的结论的人是法国化学家拉瓦锡。

23. 地壳中含量最多的元素是氧，含量约为48.6%，几乎占地壳质量的一半。

24. 最早发现并制得氧气的是瑞典化学家舍勒和英国化学家普里斯特里。

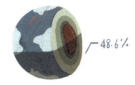

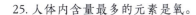

25. 人体内含量最多的元素是氧。

26. 生物细胞里含量最多的元素是氧。

27. 海洋里含量最多的元素是氧。

28. 地壳里含量最多的金属元素是铝。

29. 最活泼的非金属元素是氟，常温下几乎能与所有的元素发生反应。

30. 最活泼的金属元素是钫。

31. 最不活泼的金属是金。

32. 导电性能最好的金属是银，其次为铜。

33. 延展性最好的金属是金，1克金能拉成长达3000米的金丝，也能压成厚度0.0001毫米的金箔。

34. 目前提纯纯度最高的物质是硅，其纯度达99.999999999%。

35. 人类最早使用的金属是铜。

36. 最早利用天然气的国家是中国。

37. 最早炼铁、炼钢的国家是中国。

38. 最早用湿法炼铜的国家是中国。

39. 最早发现电子的人是英国科学家汤姆孙。

40. 最早应用质量守恒定律的人是俄国的罗蒙诺索夫。

41. 最早把天平用于化学研究的人是法国化学家拉瓦锡。

42. 创立近代原子学说的人是英国科学家道尔顿。

43. 最早提出分子概念的人是意大利科学家阿伏伽德罗。